AF370069

Vᶜᵉ RENOU, MAULDE et COCK

IMPRIMEURS DE LA COMPAGNIE DES COMMISSAIRES-PRISEURS

Rue de Rivoli, 144

14 Février 1880
V

JOLIE COLLECTION

DE

VERRERIE ANCIENNE

VÉNITIENNE ET ALLEMANDE

GRÈS DE FLANDRE, TERRES DE MUNICH

Plat de Bernard Palissy

LE TOUT APPARTENANT

A M. LE BARON DE ......

——

EXPOSITION PUBLIQUE

Le Vendredi 13 Février 1880, de une heure à cinq heures

Mᵉ ERNEST GIRARD   M. CHARLES MANNHEIM
COMMISSAIRE-PRISEUR   EXPERT
Rue Saint-Georges, 5   Rue Saint-Georges, 7

PARIS — 1880

CATALOGUE

D'une jolie Collection

DE

VERRERIE ANCIENNE

VÉNITIENNE ET ALLEMANDE

DES XVIᵉ ET XVIIᵉ SIÈCLES

GRÈS DE FLANDRE, TERRES ÉMAILLÉES DE MUNICH

Plat de Bernard Palissy

OBJETS VARIÉS

DONT LA VENTE AURA LIEU

HOTEL DROUOT

SALLE Nº 9

Le Samedi 14 Février 1880

A DEUX HEURES

Par le ministère de Mᵉ **Ernest GIRARD**, Commissaire-Priseur,
rue Saint-Georges, nº 5,

Assisté de **M. Charles MANNHEIM**, Expert, rue Saint-Georges, 7.

CHEZ LESQUELS SE TROUVE LE PRÉSENT CATALOGUE.

EXPOSITION PUBLIQUE

Le Vendredi 13 Février 1880, de une heure à cinq heures.

———

PARIS — 1880

CONDITIONS DE LA VENTE

—

Elle sera faite au comptant.

Les Acquéreurs paieront, en sus du prix d'adjudication, CINQ CENTIMES PAR FRANC, applicables aux frais.

DESIGNATION DES OBJETS

VERRERIE DE VENISE

1 — Joli Verre de Venise à coupe incolore, sur pied formé d'un dragon enroulé à ailes bleues (xvie siècle).

2 — Autre joli Verre de Venise sur pied à ailerons et branches de fruits et de fleurs émaillées bleu, jaune et blanc (xvie siècle).

3 — Joli Verre à coupe octogone évasée incolore, sur pied élevé à quatre ailerons, dont deux en verre bleu (xvie siècle).

4 — Verre de Venise incolore à coupe à côtes et pied à nœud formant récipient à trois pointes et à trois petites consoles (xvie siècle).

5 — Verre de Venise sur pied à nœud, décoré de filets d'émail blanc entrecroisés (xvie siècle).

6 — Verre à coupe évasée et à bourrelet supérieur, orné d'un filet d'émail blanc; pied à torsades et anses à consoles (xvie siècle).

7 — Petit Verre incolore sur pied à ailerons bleus et à
   entrelacs émaillés (XVIe siècle).

8 — Verre de Venise à coupe évasée et culo tà bossages
   en verre incolore, à filets d'émail blanc entrecroisés et à rubans (XVIe siècle).

9 — Vidrecome de décor analogue, avec couvercle en
   étain.

10 — Petite Coupe sur piédouche en verre de Venise
   filigrané d'émail blanc.

11 — Coupe ronde à godrons en verre incolore, à filets
   bleus, points d'émail et dorure.

12 — Petite Coupe ovale sur pied à balustre en verre
   incolore et fruit émaillé en couleur.

13 — Vidrecome cylindrique à couvercle en verre
   filigrané d'émail blanc.

14 — Coupe ronde sur piédouche, de même travail.

15 — Tasse et Soucoupe en verre agatisé et aventuriné
   de Venise.

16 — Gobelet en verre craquelé de Venise, avec filet
   bleu au bord supérieur.

17 — Trois petites Buires en verre de Venise, variées de
   dimensions.

VERRES ÉMAILLÉS ET DE BOHÊME

18 — Joli Verre à coupe plissée, à quatre lobes, sur
pied à balustre, en verre incolore, décoré de
larges écussons armoriés émaillés en couleurs,
et d'une bordure à pois d'émail b'eu sur
fond d'or (Allemagne, xvi⁰ siècle).

19 — Vidrecome allemand de forme cylindrique,
portant l'aigle de l'Empire, ainsi que les divers
blasons des puissances composant ledit empire ; le tout émaillé en couleurs et rehaussé
d'or (Date de 1630).

20 — Vidrecome, de forme analogue, sur piédouche,
en verre incolore, portant les armes des can-
tons suisses émaillées en couleur (xvii⁰ siècle).,

21 — Vidrecome à couvercle en verre incolore
émaillé en couleurs, et représentant un écusson
armorié soutenu par deux personnages, et au-
dessous diverses figures debout. Sur le pied
une inscription qui se traduit ainsi : « Vivent
les frères de la Vallée. » Au bord supérieur une
frise représentant une vue de ville en or en
partie effacée.

22 — Grand Vidrecome en verre émaillé, représentant
une vue de ville et un écusson armorié. Ce vase
porte une longue inscription (Date de 1701).

22 — Flacon carré en verre émaillé, portant des écussons armoriés, ainsi qu'une figure de Bacchus
représentant l'Automne et la date de 1677.

24 — Grand Vidrecome à couvercle, décoré de figures
de cavaliers et des armes de l'Empire. Travail
moderne.

25 — Autre grand Vidrecome à couvercle en verre
vert, portant les armes de l'Empire décorées à
froid. Travail moderne.

26-33 — Quantité de Verres gravés de Bohême qui
seront vendus séparément.

34-37 — Lot de Verres de Bohême et autres, dont
quelques pièces rehaussées de dorure.

GRÈS DE FLANDRE

38 — Grande et belle Cruche en grès de Flandre à
mascaron au goulot, et ornements et armoiries
en relief rehaussés d'émail gris, bleu et violet
(xvie siècle).

39 — Autre Cruche en grès de Flandre; la panse ovoïde
est couverte de petits vases de fleurs en relief
émaillés gris sur fond bleu.

40 — Jolie Cruche en grès de Flandre émaillée gris et
bleu. Elle est décorée d'une frise représentant
des petits sujets de personnages (xvie siècle).

41 — Petite Gourde en grès de Flandre émaillée gris
bleu et violet, et offrant en relief des fleurettes,
des ornements et le buste du roi Louis XIV
(Date de 1679).

42 — Jolie petite Cruche en grès de Flandre émaillée
gris et bleu, avec frise offrant des armoiries en
relief.

43 — Jolie Cruche, de forme droite, en grès blanc de
Flandre, portant au pourtour trois grands
écussons armoriés en relief, ainsi que la date
de 1574.

44 — Petite Cruche, à panse sphérique, décorée de
rosaces et d'un mascaron en relief et émaillée
bleu et violet.

45 — Petite Cruche en grès brun, à panse sphérique, à
ornements gaufrés en relief.

46 — Petit Pot en grès émaillé gris et bleu, avec frise
d'animaux, oiseaux et figure équestre de saint
Georges en relief.

47 — Petite Cruche en grès émaillé brun, décorée d'une
frise de guerriers et d'arquebusiers en costumes
du xvie siècle.

48 — Très-petite Cruche en grès émaillé gris et bleu,
avec armoirie en relief sur la face de la panse.
(Date de 1592).

49 — Petit Pot à tabac à panse carrée, décoré des armes
de Bavière en relief.

50 — Petite Cruche émaillée gris et bleu et portant la
figure équestre de Guillaume III en relief.

51 — Très-jolie petite Cruche en grès émaillé gris et
bleu. et à frise de guerriers en relief. Très-belle
qual'té.

52-60 — Dix-sept Cruches en grès de Flandre, de formes
et de décors variés.

—

TERRES ÉMAILLÉES DE MUNICH

61 — Joli Pot en terre émaillée en couleurs sur fond
brun. Il représente des divinités de la
Fable, debout et des ornements. Le couvercle
est en étain.

62 — Autre Pot en terre émaillée, à ornements en relief
et en couleurs rehaussés d'or.

63 — Cruche, à panse ovoïde, décorée de divinités de la
Fable, en relief, émaillées en couleurs.

64 — Cruche analogue à celle qui précède.

65 — Très-petite Cruche, décorée des armes de Bavière.

66 — Pot à tabac en terre émaillée à bustes et ornements de couleurs sur fond brun.

67 — Cruche en terre émaillée, décorée d'une figure de cavalier et d'ornementsémaillés en couleurs sur fond brun.

68 — Cruche en grès émaillé gris, à rosaces et demi-rosaces émaillées en couleurs et rehaussées d'or.

69 — Petite Cruche en terre gaufrée, à ornements, et émaillée en couleurs (Date de 1660).

———

FAIENCES

70 — Faïence de Bernard Palissy. Plat ovale représentant en bas-relief le sujet de l'Enlèvement des Sabines émaillé en couleur. Le bord offre des palmettes en relief émaillées en couleurs sur fond blanc. Le revers est jaspé.

71 — Petit Plat ovale en faïence de la suite de Bernard Palissy. Il représente Suzanne au bain et les Vieillards. Bordure à côtes et à ornements. Revers jaspé.

72 — Curieuse Gourde, de forme aplatie, en faïence émaillée bleu uni. Elle est garnie d'une monture en étain, à ornements et lézards en relief (XVIᵉ siècle).

73 — Deux Cruches allemandes en faïence à décor
bleu. L'une d'elles a été surdécorée.

74 — Pot en faïence allemande, décor polychrôme à
fleurs et ornements. Monture en étain.

75 — Deux Tasses et deux Soucoupes en faïence de
Castelli, décorées de paysages.

76 — Joli petit Vase en forme de balustre allongé, en
ancienne faïence de Rouen ; décor polychrome
de style chinois.

77 — Cruche en faïence allemande à décor bleu,
représentant le Christ en croix.

78 — Petite Théière en ancienne porcelaine de la Chine.
à points saillants bleus rehaussés de dorure.

79 — Coupe ronde en faïence bleue, à décor de rosaces
et feuillages rehaussés de dorure.

80 — Petite Chimère debout, en ancienne porcelaine
de la Chine, décorée en émaux de la famille
verte.

OBJETS VARIÉS

81 — Petit Vidrecome en étain, décoré de peintures à
l'huile représentant des sujets variés et des
armoiries, et enrichi de bandes gravées
(XVIe siècle).

82 — Vidrecome en bois incrusté d'ornements et d'oiseaux en étain découpé et gravé. Le couvercle
est orné d'une médaille.

83 — Vidrecome analogue à celui qui précède, mais plus
petit.

84 — Vidrecome à anse en étain gravé, portant la date
de 1723.

85 — Coupe ronde en cristal de roche taillée à pans,
montée sur pied bas et à anses en argent ciselé
et doré. Travail de la fin du xviᵉ siècle.

86 — Autre petite Coupe en cristal de roche taillée à
jour. Elle est de forme ovale et montée en
argent.

87 — Coupe ovale, sur pied à balustre, en agate d'Allemagne.

88 — Deux petites Assiettes en étain, à figures en relief
(xviᵉ siècle).

89 — Brûle-Parfums en argent, formé de trois fruits
sur plateau composé de fleurs et feuillages.
Travail oriental.

90 — Deux Flacons à parfums en argent en forme de
fruits et branche de fleurs. Travail oriental.

91 — Cinq Porte-Tasses en filigrane d'argent. Travail
oriental.

92 — Six Porte-Tasses en métal gravé et repoussé.
Travail oriental.

Ves RENOU, MAULDE et COCK, imprs de la Compagnie des Commissaires-Priseurs.
rue de Rivoli, 144.   3828

www.ingramcontent.com/pod-product-compliance
Lightning Source LLC
LaVergne TN
LVHW010849180726
843502LV00009B/3798